"LIVING PROUD! GROWING UP LGBTQ: COMING OUT AND SEEKING SUPPORT"
by Robert Rodi and Laura Ross. Foreword by Kevin Jennings Founder, GLSEN (the Gay, Lesbian & Straight Education Network)
Copyright © 2017 by Mason Crest, an imprint of National Highlights, Inc.
Japanese translation rights arranged through Seiko Uyeda.

Picture credits: 8, JMAB/VMAB WENN Photos/Newscom; 11, Ben Schumin/Wikimedia Creative Commons; 14, Mixmike/iStock; 21, PR Photos; 24, Jason Moore/ZUMA Press/Newscom; 29, Wikimedia Creative Commons; 30, omgimages/iStock; 34, David Wimsett/ZUMA Press/ Newscom; 37, Bev Sykes/Wikimedia Creative Commons; 42, Andrey Bayda/Shutterstock; 44, Joe Mabel/ Wikimedia Creative Commons; 46, FS2 WENN Photos/Newscom; 49, Allison Long/TNS/ Newscom

家族や周囲にどう伝える？
わたしらしく、LGBTQ

ロバート・ロディ、ローラ・ロス 著
上田勢子 訳
監修 LGBT法連合会

大月書店

このシリーズについて

ケヴィン・ジェニングス
GLSEN（ゲイ・レズビアン・ストレートのための教育ネットワーク）設立者
アーカス財団エグゼクティブディレクター

　子どものころ、わたしは図書館が大好きでした。わたしたち家族は、ノースカロライナ州の小さな町ルーイスビルの、砂利道のわきに停めたトレーラーハウスに住んでいましたが、毎週土曜日になると、母の運転する車で大きな街の図書館へ行くのが、なによりの楽しみでした。街の中心部にある図書館で、棚にたくさん並んだ本を読みながら至福の時をすごし、両手にかかえきれないほどの本を借りて帰りました。つぎの土曜に、また図書館へ行くのをとても楽しみにしながら、借りてきた本を1週間かけて読みふけったものです。図書館の本はわたしに、実にたくさんの世界を見せてくれました。
　でも、同性愛の話はどこにもありませんでした。
　それでもわたしは、同性愛にかかわる本をいくつか見つけることができました。1970年代はまだ同性愛者にとって暗黒時代でしたが、テネシー・ウィリアムズや三島由紀夫、ゴア・ヴィダルといった作家たちに、なんとかたどりつくことができました。こうした偉大な作家たちの名作を読むことで、世の中にはわたし以外にも同性愛者がいることを確信しましたが、そこに描かれた同性愛の登場人物はかならずしも幸福とはいえず、わたしの将来に希望をあたえてくれるものではありませんでした。

なにもないよりましとはいえ、肯定的というにはほど遠かったのです。当時のわたしは、ひとりぼっちで、この世界からのけものにされたような気持ちでした。そうして高校2年のとき、ついに自死をはかったのです。
　わたしが高校を卒業した1981年から、いまに至る35年のあいだに、LGBT（レズビアン、ゲイ、バイセクシュアル、トランスジェンダー）をとりまく環境は大きく変わりました。1988年にわたしが生徒たちと一緒に創設したGSA（ゲイ・ストレート同盟）というクラブ活動は、いまではアメリカ全土の学校に広がっています。LGBTであることを公言している著名人や、LGBTをテーマにした番組を、テレビなどであたりまえに目にするようになりました。オレゴン州知事はバイセクシュアルであることに誇りをもっていますし、アメリカの連邦議会にも何人ものゲイやレズビアン、バイセクシュアルの議員がいます。2015年には、アメリカの全州で同性婚が合法化されたことを祝い、ホワイトハウスがレインボーカラーにライトアップされました。なんという進歩でしょう！

　では、これほどの進歩をとげた現在、なぜこのシリーズが必要なのでしょうか？
　なぜなら、GLSENの調査によれば、
＊LGBTの子どもの3分の2以上が、学校でLGBTを差別する言葉を日常的に耳にしている。
＊LGBTの子どもの60％以上が学校を安全な場所と感じられずにいる。
　また、アメリカ疾病管理予防センターの報告によれば、
＊LGBTの子どもの自死や自死未遂は、そうでない子どもの4倍にものぼるといわれているからなのです。
　わたしは現在、アーカス財団というLGBTの権利のために財政支援をおこなう世界最大の団体のディレクターとして世界数十か国で活動して

いますが、まだまだ道のりは遠いと感じています。70か国以上でいまだに同性愛を犯罪とみなす法律があり、そのうちの8か国では死刑になることもあります。状況は改善されたとはいえ、すっかりよくなったとはいえないのです。とくに、図書館には、みなさんのような若い読者にあわせたLGBTについての本がまだまだ必要です。LGBTの若者の多くがいだく孤立感をいやすためにも、LGBTでない若者の多くがいだく偏見や無知をなくしていくためにも。そうした無知が、現在もアメリカや他の国ぐにににおいて、社会をむしばむ憎しみと暴力を助長しているのです。

　そうした状況を変え、多くの若い命を救うために、このシリーズが必要とされています。あらゆる性的指向や性自認をもつ若者たちに、年齢にふさわしい正確な情報を提供することは、それぞれがLGBTという経験の複雑さを理解する手助けとなります。LGBTの若者たちは、この本の中に自分を見いだし、希望に満ちた将来を描くことができるはずです。わたしが子どもだった1970年代に、このシリーズが近所の図書館にあれば、きっとわたしの人生を変えていたでしょう。この本がそれと同じくらい大きなインパクトを、現代の子どもや若者にもあたえるとわたしは確信します。そして、若者だけでなく、すべての年代の読者にこのシリーズをおすすめします。

GLSEN

GLSEN（グリッスン＝ゲイ・レズビアン・ストレートのための教育ネットワーク）は、あらゆる生徒にとって安全で肯定的な学校環境の確保をめざす先進的な全米教育機関です。GLSENは、ちがいを肯定的に受けとめ、より活き活きとした多様なコミュニティの形成につながるような学校環境づくりをめざしています。
ウェブサイト　http://www.glsen.org/

わたしらしく、LGBTQ ② 家族や周囲にどう伝える?　**もくじ**

このシリーズについて　　2

1　カミングアウトってなんだろう　　9
　カミングアウトするってどういうこと？　　10
　誇らしく、傷つきやすい心　　12
　もっと知りたい！　カミングアウトのプロセス　　13
　友だちに打ち明ける　　14
　家族の反応　　15
　もっと知りたい！　カミングアウトの低年齢化　　16
　カミングアウトへの不安　　17
　カミングアウトのリスクと反響　　18
　カミングアウトしないことはハイリスク　　19
　カミングアウトによる社会変革　　19
　プライバシーか前進か　　22

2　サラの場合　　25
　「そのうち忘れるさ」　　26
　「ふつう」になろうとしたけれど　　27
　裏切られた信頼　　28
　アライ（味方）をさがす　　30
　もっと知りたい！　ネット上でのカミングアウト　　32

3　エドの場合　　35
　クローゼットの中ですごした数十年　　36
　信仰と自分の気持ちのはざまで　　38
　神へのカミングアウト　　38
　友人の後悔から学んだこと　　39
　もっと知りたい！　文化的な背景とカミングアウト　　40
　ありのままの自分を受け入れる　　41
　教会とのきずなを結びなおす　　43

4　サポートを求めよう　…… 47

親たちの意識を変える　　48
世代によってちがうLGBTの受容　　50
LGBTの「アライ」ができること　　50
アウティング（他者による暴露）のトラウマ　　52

用語集　　55
さくいん　　60

LGBTQって？

- **L：レズビアン**（女性を好きになる女性）
- **G：ゲイ**（男性を好きになる男性）
- **B：バイセクシュアル**（両方の性別を好きになる、または相手の性別にこだわらない人）
- **T：トランスジェンダー**（身体の性別に違和感があり、別の性として生きたいと望む人）
- **Q：クエスチョニング**（性自認や性的指向を模索中の人）または**クィア**（規範的異性愛以外のあらゆるセクシュアリティ）

こうした多様な性のありかたを総称して「LGBT」または「LGBTQ」とよびます。本文ではおもに「LGBT」としていますが、意味はほぼ同じです。

この本に出てくるマークについて

たしかめよう　それぞれの章で学んだことを確認するための質問です。答えに迷ったら、もう一度本文に戻って復習しましょう。

キーワード解説　それぞれの章のポイントとなる言葉の説明を、章のはじめにまとめています。はじめに読んでおけば、内容がよりよく理解できます。

用語集　このシリーズに出てくる用語の解説を、巻末にまとめて載せています。もっと詳しい本や記事を読んだり理解したりするのに役立ちます。

チャレンジしよう　それぞれの章で学んだことについて、もっと深く調べたり、考えてみたりする手がかりとして、身近で取り組める課題を提案しています。

もっと知りたい！　新しい知識や視点、多様な可能性、幅広い見方を提供してくれる情報をコラムとして本文中にちりばめました。こうした情報を組み合わせることで、より現実的でバランスのとれた見方ができるようになります。

日本でも「飛び込み王子」として親しまれているオリンピックメダリスト、トム・デイリー（イギリス）は、2013年に動画サイトYouTubeで同性愛であることを公表しました。その中で彼は自分の性的指向についてこう説明しています。「あるとき男性と恋に落ちて、なにかしっくり来たんだ。これでいいんだと思った」

1 カミングアウトってなんだろう

> **キーワード解説**
>
> **LGBT**：レズビアン、ゲイ、バイセクシュアル、トランスジェンダーの頭文字をとった総称。「クエスチョニング」(自分の性自認や性的指向を模索中)や「クィア」(規範的異性愛以外のすべてのセクシュアリティを指す)の頭文字Qを加えてLGBTQと言うこともある。
>
> **アクティビスト**：社会的な活動や個人的な活動を通して、社会に変化をもたらそうとする人びと。
>
> **リベラル**：新しい考えに耳を傾け、進歩的で、他者の意見やライフスタイルを受け入れ支援する人。
>
> **疎外感**：ほかの人や社会から自分が外れていたり距離があるという感覚をもつこと。

　10月11日は、ふだんと変わりなく、祝日でもありません。その日が平日なら、銀行も会社も開いており、学校の授業もあります。デパートの特売日でも、高速道路が渋滞する連休でもありません。でも、この日はLGBTにとって1年でもっとも大切な日です。10月11日は「全米カミングアウト・デー」なのです。それまで自分の性自認や性的指向を打ち明

けられずに悩んできた人たちが、自分のありのままを受け入れ、親しい人や世の中に本来の自分を伝えること——すなわち「カミングアウト」を応援する日です。

カミングアウト・デーの祝典で、アメリカンフットボールのマイケル・サム選手はこう述べました。「みんなに、とくに若い人たちに知ってほしい。自分自身でいる勇気をもつと、すごいことが起きるんだ」

こうした言葉は、同性愛であることを最近公表して世間の注目を浴びた、他の有名人からも聞かれます。たとえば、オリンピック飛び込み競技メダリストのトム・デイリー（8ページの写真）、NBA〔バスケットボールの北米プロリーグ〕のジェイソン・コリンズ選手、〔「007」の映画主題歌でアカデミー賞歌曲賞を受賞した〕歌手のサム・スミスや、シンガーソングライターのルーファス・ウェインライト、女優のエレン・ペイジ、人気俳優のウェントワース・ミラーやザカリー・クイント〔「スタートレック」のスポック役〕などです。

全米カミングアウト・デーは、1987年にアメリカの首都ワシントンでおこなわれたゲイやレズビアンのためのパレードの日を記念したものです。50万人もが参加したこのパレードは、同性愛者の人権擁護運動にとって画期的な祝典となり、その翌年、ロブ・アイクバーグとジーン・オリアリーという2人の**アクティビスト**が、全国規模のカミングアウト・イベントを始めました。そのわずか数年後、年1回のこの催しは、全米50州と世界各地へと広がっていったのです。

カミングアウトするってどういうこと？

アメリカのLGBTの人権擁護団体ヒューマンライツ・キャンペーン（HRC）は、カミングアウトを「一個人が、自分の性的指向や性自認を認識して前向きに受け入れ、それを周囲に伝えはじめるプロセス」と定

アメリカの首都ワシントンでの、全米カミングアウト・デーのようす。

義しています。カミングアウトは、まさに自分さがしの旅であり、その意味あいも人それぞれです。

　HRCは、カミングアウトの複雑なプロセスを三段階にわけて説明しています。ひとつめは「自分自身を認めること」で、自分がLGBTのいずれかにあたることを、しっかりと認識し受け入れる段階です。子どものころから自分自身の性的指向や性自認を受け入れる人もいれば、大人になってはじめて認識したという人もいて、各段階に要する時間は人それぞれです。

　自分のセクシュアリティを受け入れることができたら、次の段階である「カミングアウト」にすすむわけですが、これもたいていは、じっくり考えた上で注意深くすすめます。カミングアウトは、自分の性的指向

について、自分が大切に思う親しい人にはじめて伝え、積極的に話しあうことです。カミングアウトにもいくつかの段階があります。たとえば、友だちには若いころからカミングアウトしていたが、家族には何年も経ってから告げたという人もいます。カミングアウトの仕方には「これが正しい」「これはまちがっている」というのはありません。

　このふたつの段階をへて、ようやく「オープンにくらす」ことが可能になります。友だちや家族が自分のセクシュアリティを理解してくれたら、LGBTの人は、それを今後の生活にどう反映させるかを自分で決めます。この三つ目の段階は、長いプロセスの一環で、くらし方には人によって大きな差があります。LGBTであることは自分の側面のひとつにすぎないと考え、プライバシーを守る人もいれば、自分の新しいアイデンティティに大きな意義を見いだす人もいます。

誇らしく、傷つきやすい心

　アドリエンヌ・ヒューデックも、LGBTとしての新しい生き方に勇気を出して飛びこんでいった一人です。「カミングアウトしてからは、世の中が全部虹色に染まって見えました」と、彼女は、ゲイ・プライド（同性愛者としての誇り）のシンボルであるレインボー・フラッグにたとえ話します。「プライド・パレードに参加し、ゲイの支援団体でボランティアをし、抗議行動に加わり、車には虹のステッカーを貼り……なんでもやりました。自分が同性愛であることを言いたくて、たまらなかったんです。相手が知りたいかどうかは二の次でね」

　当時アドリエンヌは21歳でした。彼女のような熱烈な肯定感は、LGBTの若者によく見られる反応です。カミングアウトは、障害の多い困難な道のりに終わりを告げる祝福の儀式のように思えるでしょう。HRCは「カミングアウトのための情報ガイド」という資料を配布し、

> **もっと知りたい！ カミングアウトのプロセス**
>
> 　この章では、HRCが示したカミングアウトの三段階を説明しましたが、インターネットのサイトWikihowには「10代のゲイやレズビアンのためのカミングアウト・ガイド」として、とくに10代の人に向けて、さらに詳しい方法が紹介されています。それによれば、（1）自分の性的指向が確かかどうかよく考えよう。（2）カミングアウトしても安全かどうかを確認しよう。（3）カミングアウトの前に、相手からの質問を想定して答えを準備しておこう。（4）まず親しい友だちに告げよう。（5）単刀直入にはっきりと伝えよう。（6）事実を受けとめ、折り合いをつける時間を相手にあたえよう。（7）カミングアウトが自分の人生のある部分に大きな影響をあたえることを理解しよう。（8）周囲に対して挑戦的にならず、さりげなくも堂々と生きよう。（9）性的指向について誠実に尋ねてくれる人には、前向きにきちんと答えよう。（10）大事なこと：カミングアウトはひとつのプロセスで、時間がかかるもの。どうか焦らないで！

カミングアウトのプロセスを手助けしています。このガイドを読むと、カミングアウトしたとき、怖いと思ったり、傷ついたり、逆に勇敢になったり、誇りを感じたり、混乱したり、安心したり、不安になったり……そんないくつもの感情が同時に起きるのは、ごくあたりまえのことだとわかります。

　アドリエンヌも、カミングアウトを決心したとき、たくさんの感情が一度に押し寄せたと言います。「すごく興奮したし、怖かったけど、元気ももらいました。これからわたしの人生は大きく変わるんだ、と感じました」

思春期は多くの若者にとって苦しい時期です。親から離れ、自分自身のアイデンティティを確立するこの時期は、多くのストレスや矛盾に直面します。10代のLGBTにとっては、より大きな試練です。

友だちに打ち明ける

　ほかの人と比べると、アドリエンヌのカミングアウトはそれほどたいへんではありませんでした。彼女がはじめにカミングアウトした相手は、すでにゲイであることを公表していたルームメイトのブラッドでした。彼なら理解してくれるだろうと思っていましたが、それでも、彼がどう思うか心配でした。

「ゲイの男性に打ち明けるのが怖いなんて変でしょ？　でも、ブラッドとの友情が壊れるんではないかと心配でした。だって彼は、わたしたちは二人とも男の子が好きだと思っていたんですから！」

「それだけではなく、これはわたしの第一歩でした。ほんとうは、どんどん先へすすみたいと思っていましたが、次に何が起きるのか怖くもありました。だから、ブラッドへのカミングアウトがうまくいけば、もっと先へすすむ勇気がもてると思ったんです」

アドリエンヌは何日もかけて、その日に言うセリフを書きとめ、鏡の前で練習して、ブラッドのいろいろな反応を想像してみました。そして、ついにその日がやってきました。
「緊張のあまり、しばらく言葉が出ませんでしたが、ブラッドはしんぼう強く待ってくれました。やっと言えたとき、ブラッドはただ笑って、わたしをしっかり抱きしめて『前からわかってたよ。君ってけっこうわかりやすいから』と言い、なにごともなかったかのように、またコンピュータに向かいました。どうってことはなかったのです。でも、そのおかげで、ほかの人たちにも打ち明ける自信がつきました」
　アドリエンヌのように、悩んだすえに友だちに打ち明けると、とっくに知ってたよ、と言われる人もいます。いっぽうで、残念ながら、カミングアウトして拒絶され、友だちを失う人もいます。これはとてもつらいことですが、そのつらさは、LGBTコミュニティでたくさんの新しい友人ができることで癒やされていきます。

家族の反応

　友人たちが愛をもって受け入れてくれたことで、アドリエンヌは次のステップへすすむことができました。それは両親に打ち明けることです。彼女の母親は日ごろからLGBTに理解を示し、その運動にも賛同していました。でも、実際に自分の家族にいると知ったら、いったいどんな反応をするか、アドリエンヌは心配でした。友だちのなかには、リベラルで進歩的だと思っていた親が、自分の子がゲイだと知ったとたんに態度を変えた、という例もあったからです。
「ある男友だちの親は、万人の平等とか、よきキリスト教徒たれ、汝の隣人を愛せよ、といったことが口ぐせだったので、彼は自分がゲイだと伝えても大丈夫だと思ったそうです。きっと理解してくれて、わが子が

伝えてくれたことを喜ぶと信じていたんです。でも実際に打ち明けてみたら、両親はとても取り乱したそうです。関心がほしいだけだろう、一時の気の迷いだろう、なんてね。ほんとうにゲイであるのなら、この家から出ていけとさえ言いました。それで彼は16歳のとき家を出たそうです。わたしなら、とても耐えられなかったと思う」

 もっと知りたい！　カミングアウトの低年齢化

　近年、LGBTのカミングアウトは、これまでになく低年齢化しています。最近の調査では、ゲイやレズビアンの若者がカミングアウトをはじめる平均年齢は16歳です。1980年代には19歳から23歳のあいだでした。つまり、高校卒業までにカミングアウトする人がふえており、これは学業や家庭生活に大きな影響をおよぼすことがあります。

　また別の調査では、同性愛嫌悪（ホモフォビア）やいじめを受けた生徒の半数が、それが原因で学校を休むことがあるそうです。LGBTの生徒を認知してオープンに受け入れ、いじめとたたかう姿勢をはっきり示すことのできる学校には、あらゆる生徒が安心して学べる、よい環境が生まれます。

　アメリカでは、4000以上の高校と120の中学校（！）にゲイ・ストレート同盟（以下GSA）という組織があります。GSAは、ゲイやレズビアンの生徒や、かれらとともに学ぶストレート（異性愛）のクラスメイトたちが、互いに安心して集える環境を提供しています。毎年、卒業パーティーの時期になると、同性のカップルで学校のダンスパーティーに参加したようすや、地域の団体がLGBTの生徒のために「ゲイの卒業パーティー」を開いたことなどが各地の新聞で報道されています。

　コーネル大学発達心理学科のリッチ・サヴィン・ウィリアムズ教授は、「喜ばしいことに、この世代のLGBTの子どもたちは、ストレートの子たちと同じように、デートについて堂々と親と言い合いできる、はじめての世代です」と述べています。

幸いアドリエンヌの場合はそうはなりませんでした。お母さんはアドリエンヌが願っていた通り、ただ話を聞いてくれて、いくつか質問をし、アドリエンヌを変わらず愛していると言ってくれました。それからは、デートのことなど、いままでと同じように話すことができました。アドリエンヌのただひとつの後悔は、もっと早く自分自身を受け入れればよかったということです。そうすれば、もっと早くカミングアウトできたはずです。

「まわりには11〜12歳でカミングアウトして生活している子がいます。そんな幼いころから（自分の性的指向が）わかるはずがないと言う人もいるけど、わたしにはわかっていました。だから、幼いころカミングアウトしていれば、毎日がどんなにちがっただろうと思います。人それぞれだから、自分に合ったペースでカミングアウトすればいいと思いますが、小さいときにカミングアウトできた子たちや、それを受け入れた親や友だちをとても尊敬しています。そのおかげで、かれらは自分がだれなのか、ちゃんとわかって成長できるんです」

カミングアウトへの不安

　アドリエンヌのように、家族や友だちとの強いきずなのおかげで、とても肯定的なカミングアウト体験ができた若者もいますが、いつもそうとはかぎりません。実際、どんな結果になるかをおそれてカミングアウトをしない人や、その決断を先延ばしにする人もたくさんいます。カミングアウトしない理由は無数にありますが、なかでもおもな理由のひとつが、それによって友だちや家族、教会などの居場所を失うかもしれないということです。

　高校生のときカミングアウトしたサラ・カーリンは、こう言います。「もしあのころ、親や家族がわたしの気持ちを知ったら、なんと言った

でしょう。わたしの父はいつもゲイの人をあざ笑って『ヘンタイ（クィア）め』と呼んでいたし、母だって同じようなものでした」

　サラの両親は、多くの親と同じく、とくに深い意味もなくゲイを侮辱する言葉を使っていました。まさか自分たちの娘がレズビアンだなんて思いもしませんでした。だから、それが成長期の娘にどれほどのショックをあたえていたか、思いもよらなかったのです。こうした考え方はめずらしくありませんが、正しい知識や啓発によって変えることはできます。PFLAG（旧称「レズビアンとゲイの親、家族、友人」）のような団体では、家族や友人にLGBTがいて、自分自身もこうした経験をしてきた人たちが、実体験にもとづく情報やサポートを提供しています。

カミングアウトのリスクと反響

　カミングアウト支援プロジェクトのなかで、HRCはカミングアウトにともなうリスク（危険）についても述べています。現在のアメリカでも州によっては、LGBTだという理由で仕事をクビになることがまだあります。また、LGBTを認めようとしない不寛容な友人や同僚、家族から、つらい仕打ちを受けたり、果てはヘイトクライム（憎悪犯罪）の標的にされたりすることもあります。なかにはLGBTであることで、家から追い出されたり、身体的虐待を受けたりする若者もいます。家族の支えを失うと、経済的に自立できない若者の多くは苦境におちいります。その結果ホームレスになったり、メンタルヘルスの問題をかかえたり、アルコールやドラッグに依存することがあります。アメリカでの調査では若者ホームレスの20〜40％がLGBTだといわれ、明らかに突出しています。

　こうした可能性も考慮して、カミングアウトのもたらす影響を慎重に検討し、身近なサポートを受けることを考えましょう。本来の自分を受け入れ、オープンにくらすための第一歩を踏み出そうとするLGBTの若

者にとって、学校の先生やスクールカウンセラー、理解を示す信仰の師（メンター）、セラピスト、LGBTの仲間、LGBTホットラインなどは、すべて貴重な資源となるでしょう。

カミングアウトしないことはハイリスク

　こうした予期せぬリスクや困難があるのに、どうしてカミングアウトする必要があるのかと不思議に思う人もいるかもしれません。なぜ、わざわざ自分から、こんな困難やトラウマ（心の傷）になるような経験をしようとするのでしょう？　なぜなら、LGBTであることを隠したままでいる（よく「クローゼットにとどまる」という表現が使われます）と、傷がますます広がるからです。ある研究によれば、自分がレズビアンであることを友だちや家族に伝えた人は、人生により満足し、破滅的な行動をとることが少ないとされています。逆に、自分のセクシュアリティを伏せたままくらしている人や、秘密にすることを強いられている人は、自死やうつ病になるリスクが高いのです。

　アメリカ医師会によれば、「性的指向にまつわり、ゲイやレズビアンが体験する情緒障害のほとんどは、生理的な原因によるものではなく、むしろ受容されない環境から来る疎外感によるもの」だといいます。

カミングアウトによる社会変革

　カミングアウトには、LGBTの人びとの自尊感情や個人的な幸福のためだけではなく、それ以上の意義があります。仮に、すべてのLGBTの人がカミングアウトしたなら、LGBTに対する差別や抑圧はことごとく消え去るといわれています。想像してみてください。だれもが、実はLGBTの人を以前からよく知り、尊敬さえしていたと知れば、この世の中はより寛容な場所になるにちがいありません。LGBTの人たちが堂々

とカミングアウトすることで、その家族や友だちにとって、自分たちがもっている偏見に立ち向かう勇気をあたえます。偏見の対象となる集団に属しているのは自分の子どもやきょうだい、友だち、いや、もしかしたら親かもしれません。そう考えると、一個人のカミングアウトという行為が、社会的、政治的にどれほど大きな影響をおよぼすかわかるでしょう。それがもしも何千人、何万人、何百万人にもなれば、この世界はきっと、すべてのLGBTの人びとにとってより生きやすい場所になるでしょう。

　いっぽうで、こうした考えに立った急進的なLGBT活動家が、有名人の性的指向を暴露する「アウティング」も起きています。有名人、プロスポーツ選手や俳優、成功したビジネスマン、宗教家や政治家などで、同性愛であることを伏せてきた人のセクシュアリティを、勝手に公表してしまうのです。こうした活動家は、「この世の中で、LGBTには肯定的なロールモデル（生き方の手本となる先輩）がもっともっと必要だ。それなのに公人（とくに政治家や宗教的リーダー）が自分の性的指向を隠すのは偽善的で、LGBTへの差別を助長し、LGBTが平等な市民権を得るための運動に逆行する」と信じているのです。自分のキャリアやイメージに傷がつくのをおそれてLGBTであることを公表しない有名人はおおぜいいますが、有名人のカミングアウトは、いずれにしろ社会への強いメッセージになりえますし、カミングアウトしたことでヒーローとなる人もいます。エレン・デジェネレス〔コメディアン・司会者〕やシンシア・ニクソン〔女優、テレビドラマ「セックス・アンド・ザ・シティ」の主要キャスト〕、ジェイソン・コリンズ〔元プロバスケットボール選手〕といった人たちは、アメリカ社会のなかで重要なロールモデルとなりました。かれらのカミングアウトは、ほかのLGBTの人びとに、ありのままの自分を受け入れる勇気をあたえただけでなく、多くのファンに、自

人気歌手のリッキー・マーティンは、インタビューなどでよく同性愛ではないかと追及されていました。有名ニュースキャスターのバーバラ・ウォルターズもその一人でした。リッキーはずっと否定していましたが、2010年にカミングアウトを決意しました。自分のウェブサイトで彼は、「ぼくはいまの自分をとても幸せに感じている」と書いています。

分たちのもつステレオタイプや偏見を見直す機会をあたえたのです。

プライバシーか前進か

　たしかに、カミングアウトはLGBTコミュニティ全体にとってはとても重要ですが、どんな理由であれ、カミングアウトしないことを選んだ人のプライバシーを守ることも同じように大切です。その人が属する家族や地域社会によっては、カミングアウトによって文字通り生命の危険にさらされる場合もありえます。また、生まれ育った文化や社会状況によっては、たとえ同性との性行為を（一時的であれ、習慣的にであれ）いくども経験していても、自分を同性愛とはみなさない人もいます。カミングアウトしていない人にとって、秘密にすることは生き方そのものなのです。

　カミングアウトするときの言いようもない緊張感を、なんとも思わない人などいません。だれにとってもそれは大きな一歩です。でも、全国的に、あるいは全世界に向けてカミングアウトすることのプレッシャーは想像を絶するものです。人気歌手のリッキー・マーティン（前ページの写真）がゲイだという噂をマスメディアがとりあげはじめたとき、彼は国際的なスーパースターでした。歌手としてのキャリアや人気、そして家族への影響をおそれた彼は、カミングアウトをためらいました。何年もかけて、ようやくカミングアウトを決意したリッキーは、自分のウェブサイトに、感動的な声明を載せました。そのなかでリッキーは「自分にとっての真実」について語り、息子たちの姿に勇気づけられて、ついにクローゼットを出る決意をしたと述べています。

「（真実は）ぼくを強さと勇気で満たしてくれる」「天使のようなふたごの男の子の父親になったいまこそ、ぼくにはこの力が必要だ。息子たちは輝きに満ち、かれらの目を通して毎日ぼくに新しいことを教えてくれ

る。これまでの生き方を続けることは、息子たちの生まれもった輝きを間接的に消すことになるだろう。……ここ何年か沈黙のなかで自問自答してきた経験が、ぼくを強くし、自分自身を受け入れることの大切さを教えてくれた。そして、この真実が、これまで気づかなかったさまざまな感情を乗り越えるための力をあたえてくれたんだ」

たしかめよう

- カミングアウトのプロセスは、どんなものでしょうか。
- LGBTの人びとがカミングアウトするとき、どんなリスクや影響がありますか。
- LGBTの人びとがカミングアウトすることには、どんな利点があるでしょう。
- LGBTの人にとって、人生のどの段階でカミングアウトするのが最適だと思いますか。

チャレンジしよう

- カミングアウトによって生じるリスクを書き出し、どう対処すればいいかも書いてみよう。
- 1960年代、70年代、80年代に、LGBTであることをカミングアウトした人の自伝やエッセイを読んでみよう。当時かれらが直面した困難で、いまもある困難はどんなものだろうか。
- カミングアウトのしやすさランキング：自分にとって、もっともカミングアウトしやすい人から、もっともしにくい人まで、順に挙げてみよう。
- これまでに、多くの有名人がLGBTであることをだれかに暴露され、それにどう対処するかの決断を迫られてきたことについてどう思うだろうか。他人のセクシュアリティを公にさらすことの是非を考え、その恩恵と弊害を挙げてみよう。また、自分がそんな立場に立たされたらどう感じるだろうか。

アメリカのシンガーソングライター、ケイティ・ペリーは、2008年のヒット曲「キス・ア・ガール」（女の子とキス）で大ブレイクしました。
この曲はラジオでくり返しかかり、女性どうしの恋愛の認知度を高めました。

2
サラの場合

 キーワード解説

侮蔑：相手の価値をおとしめたり、恥をかかせたりすることを目的とした、批判的で冷酷な言動。
メンター（師）：自分より若い人を支援したり、教え導いたりする人。
ハラスメント：からかい、いじめ、身体的な脅しなど、継続しておこなわれるいやがらせ。

　ほかの女の子と同様、サラ・カーリンもバービー人形で遊ぶのが好きな女の子でした。毎日、日記をつけていて、近所の年上の子たちをこっそり観察しては、早く大きくなりたいと願っていました。
　でも、やがてある感情が生まれ、彼女は自分が他人とはどこかちがうと思うようになりました。
　9歳のころ、サラが家族と住んでいた家の向かいに小さな高校がありました。サラが家のポーチに座っていると、学校を抜け出した二人の少女がキスをしていたのです。「なぜだかわからないけれど、興味津々でした」「なぜコソコソするのか不思議でした。それに、女の子どうしや男の子どうしでキスするなんて、父や母からまったく聞かされていなかったし」
　そのころすでに、サラは、自分がほかの女の子に関心があることに気

づいていました。できることといえば、バービー人形どうしにキスをさせるのがせいぜいでしたが、二人の女子高生に共感するには十分でした。

　サラの話はけっしてめずらしくありません。多くの調査で、性的指向を問わず、子どもが他者に性的魅力を感じはじめるのは10歳から12歳ごろとされています。前にも述べたように、LGBTQの子どもたちもこうした自分の感情に気づき、より早くカミングアウトするようになっています。マスメディアや身近なところに共感できるロールモデルが増えたことも、ひとつの要因でしょう。

「そのうち忘れるさ」

　しかし、LGBTQの子どもたちは、ストレートの子どもたちと同じにあつかってもらえません。カリフォルニア州マウンテンビューでLGBTQの若者支援団体「アウトレット・プログラム」のディレクターを務めるアイリーン・ロスはこう説明します。

「異性愛の男の子がはじめて女の子に興味を示したとき『さあ、どうかな。きみはまだ小さくて、女の子が好きかどうかわからないよ。そのうち忘れるさ』なんて、だれも言いません。ところがLGBTQの子どもの気持ちや実感は否定されてしまいます。異性愛の若者に対して、そんなことはけっしてしないのに」

　大人のこうした反応は、深刻な結果を引き起こすこともあります。サンフランシスコ州立大学の研究員ケイトリン・ライアンは、7年かけてある調査をしました。それは、子どもから同性愛者だと打ち明けられた際の家族の反応が、その子の青年時代のメンタルヘルス（心の健康）にどう影響するかという調査です。その結果、10代のとき家族から拒絶された子どもは、家族に受け入れられた子どもよりも、自死未遂やドラッグ（薬物）の使用、うつ状態になることが多いと判明しました。こう

した「拒絶的言動」には、言葉の暴力や身体的暴力、同性愛者を侮蔑的な言い方で呼ぶこと、ほかのゲイやレズビアンの若者との交友を禁止することなどが含まれます。

　サラもまた、二人の女子高生がキスするのを見たとき、母親からの拒絶をじかに体験したのでした。彼女はその反応に深く傷ついたといいます。

「女の子たちがキスするのを見て、母はこう言ったんです。『うえーっ、女の子どうしでキスするなんてヘンよ！　気持ち悪い！』って。わたしは、なぜかとても恥ずかしくて悲しい気持ちになりました。自分の内側にあるなにかを、あきらめねばならない気がしたんです。女の子が好きだという想いを必死に頭から追い出そうとするようになったのは、おそらくこのときからです」

「ふつう」になろうとしたけれど

　家族を喜ばせたくて、サラは学校でストレート（異性愛）の子たちの仲間に入り、自分以外のなにかになろうと努力しました。これは10代の若者がよくすることです。中学と高校ではボーイフレンドもいました。一生懸命努力して「ふつうの女の子」として行動していたのです。でも「ふつう」になろうとすればするほど、毎日が憂鬱になりました。

「とても悲しかった。したくないことをしなくてはいけないと思っていたから」とサラは言います。

　そして高校2年生のとき、友だちの一人がレズビアンだということと、彼女がいちばん好きな先生も同じだと知りました。もうひとりぼっちではありません。自分のほんとうの姿を理解してくれる人、サラと同じような人が、ほかにもいたのです。

　先生はサラのメンターになってくれました。「先生はわたしのことを

わかってくれるし、助けてくれると思いました。先生は、1学年97人のちっぽけな学校の外にも人生はある、そして、そこではわたしも自分自身でいられるんだ、と話してくれました。わたしは少し安心したけど、とても怖くもありました。大学に行ったら、両親に電話して、自分のことを伝えたらすぐに電話を切ろう、と計画を立てましたが、結局実行できませんでした」

裏切られた信頼

　当時のサラは、うつと摂食障害で治療を受けていて、セラピストをすっかり信頼して頼るようになっていました。支えてくれる人がほしかった彼女は、恐怖を乗り越えてセラピストにカミングアウトしたのです。セラピストへのカミングアウトは、多くのLGBTQにとってはじめの一歩です。

「セラピストの部屋へ入ったとき、緊張のあまり吐きそうでした」とサラは話してくれました。

　言葉で伝えることができず、「わたしは同性愛者だと思う」と書いた紙を小さく折って、やっとセラピストに手渡し、反応を待ちました。どんなことを言われるか怖くて、相手の目を見ることさえできませんでした。

「セラピストは、紙きれを広げて読んでから、頭を振って少し笑い、こう言ったんです。『言ってくれるのを待っていたんですよ。実は前から知っていました。お母さんから2か月ほど前に電話がきて、あなたの日記を読んで、同性愛じゃないかと思うと言っていたから』」

　サラは自分のプライバシーを侵害されて、とても怒りました。両親に裏切られた思いでした。大学に入って家を出るまでは黙っているつもりでしたが、激しい感情に圧倒されて、気持ちをおさえることができなく

なりました。その日、セラピストのところへ迎えに来た母親にサラは問いただしました。

「母はまるで幽霊でも見たような顔をしていました。そして、わたしも母も泣きはじめました」

　こうしたドラマチックな筋書きはめずらしくないと、アイリーン・ロスは言います。「おまえをそんなふうに育てたつもりはない。どうしてこんなことに？　まちがってる。いつか治るさ。大きくなったらきっと変わるはずだわ」……たった10分ほどのできごとでしたが、これがサラの人生にとって大きな転換点となりました。

「母に向かって叫びたかったけど、声を失っていました。その後のことはよく覚えていないけど、1年くらいずっとみじめな気持ちでした」

PFLAG（レズビアンやゲイの親、家族、友人の団体）は、LGBTの若者を、親やきょうだい、友人が受け入れ、サポートするための支援団体です。

アライ（味方）をさがす

　それから高校を卒業するまでのあいだ、サラはクローゼットから出る方法を自分で見つけようともがきました。高校にはGSA（ゲイ・ストレート同盟）クラブがなかったので、サラはほんの数人の信頼できる友だちと先生にしか打ち明けていませんでした。どうなるか怖くて、みんなにカミングアウトすることはできなかったのです。

「小さい高校だったので、カミングアウトするのは危険ではないかと心配でした」とサラは言います。

　それはもっともな心配でした。GLSENの調査によると、LGBTの中高生の81％が学校で性的指向や性自認にまつわる**ハラスメント**（いやがらせ）を常時受けていて、39％は身体的な暴力を受けたと報告されてい

性的指向や性別表現（男らしくない、女らしくないこと）によるいじめは、いまでも学校でのいじめのなかでもっともよくあるものです。いっさいのいじめを許さない「ゼロ・トレランス」という規則を導入する学校も増えています。

ます。さらに悪いことに、学校にいじめを訴えた生徒のうち、学校側が効果的に対処してくれたと答えているのは、わずか29％でした。学校のサポートが得られない場合、子どもたちは家族に頼るしかないのですが、サラにはその選択肢はありませんでした。

「父さんはしばらく口をきいてくれなかった。わたしに近づくと『オカマがうつる』んじゃないかと心配しているみたいにね」

　いっぽうで、サラの母親はしだいに情報収集するようになり、PFLAGの集まりにサラと二人で出かけたり、サラのレズビアンの友人に会ったりして、以前より受け入れてくれるようになりました。

「でも、いまでもお母さんは『ゲイ』や『レズビアン』って言葉を使わないで『ああいう人たち』って言うの」

　それでも、サラと両親の関係は徐々によくなっていきました。サラは大学に入り、デートをし、LGBTであることをオープンにして、自分の性的指向をしっかり受け入れています。サラは高校生のカミングアウトを勇気ある行為だとたたえ、いくつかアドバイスをしてくれました。

「カミングアウトする時期はいつでもいいけど、自分でそれを決めるってことが大事。そして、たとえ何があったとしても、だれもが自分らしく幸せになれるんだってことを忘れないでほしい」

もっと知りたい！ ネット上でのカミングアウト

　カミングアウトした人が、友人や仲間から支えてもらえるかどうかで大きな差が出ることは、調査からも明らかです。近年、インターネットが普及したことで、こうした支援はより見つけやすくなりました。カミングアウトしたばかりの人どうしが、直面している困難や、うまくいった経験を互いに分かちあう場も、ネット上ですぐ見つかります。ここでは「わたしがカミングアウトしたとき」（whenicameout.tumblr.com）というブログの投稿を紹介します。

　わたしは14歳になったばかり。前からずっと自分の男っぽい側面に気づいてた。友だちはわたしが男子になりたがってると思っていたけど、それもまんざらウソじゃない。これまで自分を同性愛だと思ったことはなかったけど、去年アリソンと親友になって、いろいろ助けてもらった。そしてあるときアリソンにメールで言ったの。「わたしには三つの秘密があって、二つはアリソンに話せるけど、最後のひとつは言うのがとっても怖い」。それからずっとアリソンにメールしつづけて、ほんとうに気持ちが落ち着いたところで彼女にカミングアウトしたんです。そしたらアリソンは「ずっと前からわかってたよ」って言ってくれました。彼女も同じだから「ゲイ・レーダー」で感じていたんだって。彼女が同性愛だと知る人はあまりいないけど、わたしが彼女を信頼して打ち明けたから話してくれたんだ。こんなにも信頼できるアリソンのことをわたしは好きになった。2年くらい前から自分は同性愛かもと思っていたんです。昨夜アリソンと話していたら、もうみんなに隠しつづけるのにうんざりして、10人くらいの友だちに一斉メールを送ってカミングアウトしちゃった。そして、みんなにも拡散してほしい、それがわたしの望みなんだって書いたの。学校はもうあと2週間で終わりだから、いじめられても平気。まったく別の学校へ行くから、仲よしの友だち以外とは会うこともないもんね。それに、もし殴られたって、それは自分が自分であることを認めたからなんだもの。だから、アリソンに感謝！　火曜日にまた会おうね。

❓ たしかめよう

- 子どもが同性を好きになったというサインを出したとき、親や大人は、どうやって思いとどまらせようとするでしょうか。
- （サラのような）LGBTの若者が自分の本来の姿を親に拒絶されたとき、どんな反応をするでしょう。
- LGBTの若者が「ふつう」のふりをして周囲に認めてもらおうと努力することで、どんなマイナスの影響があるでしょうか。

❗ チャレンジしよう

- もしもサラの学校にGSAクラブがあったら、彼女のカミングアウトはどうちがっていただろう。想像して、短いストーリーを書いてみよう。
- LGBTについて学ぶ市民講座などに参加して、LGBTの人やその家族に、いまの親子関係と、それが月日とともにどんなふうに変わってきたかを聞いてみよう。
- インターネットでカミングアウトの例を読んだり、動画を見たりしてみよう。その人たちが直面したさまざまな問題や、それに対処するためにどんな解決法をとったかに注目しよう。

ジーン・ロビンソンは2003年に
米国聖公会(せいこうかい)(キリスト教の一派(いっぱ))から
主教(しゅきょう)に任命(にんめい)されました。
彼(かれ)はゲイであることを公表して
要職(ようしょく)についたはじめての主教として、
同性愛の聖職者(せいしょくしゃ)の先頭に立って
道を切り開いてきました。

3
エドの場合

 キーワード解説

臨床：（理論による研究ではなく）患者に接して診察や治療をすることを意味する医学用語。
拒絶：絶縁されたり、見捨てられたりすること。
孤立：まわりから切り離され、ひとりぼっちになること。

　エド・ウェスリーは、10代のころから自分がゲイだとわかっていました。18歳ではじめてボーイフレンドができ、21歳のときカミングアウトへの第一歩を踏み出そうとしました。
　大学にある教会の牧師に相談すると、まずは両親に話し、次に教会の「同性愛脱却のための奉仕団」に行くようすすめられました。
　「まるで依存症かなにかのようにね。ゲイになることは、神の計画に入っていないと言われました」とエドは言います。
　信仰をなによりも大切にしてきた敬虔なクリスチャンのエドは、この牧師の反応に打ちのめされました。ゲイであることは罪であり、神の意志に反しているという考えが、エドをふたたびクローゼットに押しこめたのです。
　エドがふたたびカミングアウトする覚悟を決めたのはおよそ15年後、35歳のときでした。「あれは35歳の誕生日でした。これからの35年間を、

これまでのようにはすごしたくないと思ったのです」

クローゼットの中ですごした数十年

　信仰のあるなしにかかわらず、多くのLGBTの人がエドとよく似た経験をしています。自分自身を受け入れるまでに、長い年月を要する人がたくさんいるのです。ジョンズ・ホプキンズ大学の性行動コンサルテーション・ユニットの臨床ディレクター、クリス・クラフトによれば、成人後かなり経ってからカミングアウトを決心する男性は、多くの場合、若いころから自分の性的指向を知りながら、周囲にそれを伝える際のリスクを回避してきた人です。家族にあたえる影響や、親しい人から拒絶されることへの不安が大きな理由です。エドが直面したのもまさにそれでした。

「両親の愛情を失うのが怖かったのです。わたしがゲイだとわかったら、もう家へ入れてくれないのではないかとおそれていました」と彼は言います。

「いつも親からは、なんでも話してほしいと言われていました。でも、そのことを話そうとしたときの親の反応を見て、わたしはまた心を閉ざしてしまったんです」

　こうした恐怖から、一生涯クローゼットから出ない人も多くいます。でも、LGBTの人権問題がトップニュースになり、映画やテレビでLGBTの登場人物が肯定的に描かれるようになって、多くの人が、年とってからもカミングアウトを決意できるようになりました。映画監督のベアトリス・アルダは、彼女の妻にあたるジェニファー・ブルックと二人で「アウト・レイト」(『遅咲き〜遅いカミングアウト』)というドキュメンタリー映画をつくりました。年老いてから、ようやく自分の性的指向や性自認を受け入れることができた人たちの体験を描いたものです。

一生かけてLGBTであることを表明する人もいます。この二人の女性は、カリフォルニア州が同性婚(どうせいこん)を合法化するまで31年間、結婚を待ちつづけました。

「ここで伝えたかったのは、人生は一回きりというメッセージです。その人生が終わる前に、自分の本来の姿(すがた)で生きることは、なによりの贈(おく)り物です」とアルダは語っています。彼女は2006年にカナダで、ブルックと結婚(けっこん)しました。

信仰と自分の気持ちのはざまで

　エドは長年のあいだ、ゲイであってはならないと言われながら信仰をもちつづけました。彼にとって信仰は人生でもっとも大切なものだったからです。そのために彼はずっとクローゼットにとどまりました。教育コンサルタントとして各地を回っているあいだも、本来の自分でいることはできませんでした。もしもばれたら家族はどう思うだろうか。仕事のキャリアがだめになるかもしれない。エドの講演は、名誉ある「ペアレンツ・チョイス・アワード（親が選ぶ教育大賞）」を受けましたが、もし彼がゲイだと知ったら、賞の選考委員たちはどう思うでしょうか。

　こうした不安に苦しめられたエドは、いっさいの恋愛感情を感じないようにして、同性愛であることを頭から追い払おうとしてきました。10年以上ものあいだ本来の自分を否定しつづけ、エドの人生にはぽっかりと大きな穴があいてしまいました。そこは本来なら愛やロマンスで満たされる場だったのです。

　大学院にすすんだエドは、心理学の授業で、教授のこんな言葉が心に残りました。「もしも自分が幸せと感じないなら、なにかを変える必要がある」

神へのカミングアウト

　その後まもなくしてエドは大学院を修了しました。人生でももっとも誇らしく幸福であるはずのこのとき、エドは死ぬことを考えていました。教会では、あたたかい人びと——自分を支えるはずのコミュニティの人びと——に囲まれながら、エドは寂しく孤立していました。テレビや音楽には恋や愛のメッセージがあふれていますが、それらはすべて異性愛でした。エドにとって恋愛は他人ごとで、自分には縁がないと思っていました。彼にあったのは迷いと疎外感、そして怒りでした。

「わたしにはわからなかった。なぜ神は、わたしに苦しみをあたえるのか？」

35歳の誕生日、彼はこれまでの人生をふりかえり、神に向かって怒りのこぶしをふり上げました。その後エドはひざまずき、カミングアウトに向けた大事な一歩を踏み出したのです。神へのカミングアウトは、家族や友だちや牧師に告白するよりも、より自分らしいことに思えました。

「わたしは神に向かってカミングアウトしたのです。自分がだれであるのかを神に告げました」とエドは言います。「これまでの苦しみを思い出しました。ずっと自分を否定し、自分を愛せなかったために、人を愛する機会をもてずに来ました。わたしが自分を愛せなかったのは、ありのままのわたしでは神に愛してもらえないと考えていたからなのです」

友人の後悔から学んだこと

神へのカミングアウトに続いて、エドは幼なじみに自分のことを伝えました。深呼吸をして、言葉を慎重に選び、10年以上も言えずにいたことを口に出したのです。このときの友だちの反応は意外なものでした。

「わたしがゲイだと伝えたら、彼は自分も同じだと言ったのです。ただただ、驚きました」

友だちはエドよりも年上で、結婚して子どももいました。教会の活動にも活発に参加し、理想的な生活を送っているように見えたのです。彼は、自分は幸せだが、後悔もたくさんある、と言いました。そして、よき友人であるエドには自分と同じ後悔をしてほしくない、と。

「自分と同じ過ちをおかしてはいけない、と言われました。この言葉がわたしを大きく変えました。すべてが、これまでとちがって見えてきました」

ありのままの自分を否定することが、人生にもたらす影響に気づいた

とき、彼は人生ですべきことを知ったのです。でも、その方法はまだわかりませんでした。

 もっと知りたい！　文化的な背景とカミングアウト

　世界には〔性の多様性に関して〕アメリカよりもさらに保守的な国が多くあります。そうした国からアメリカに移住してきた人びとの家族にもLGBTの人はいます。こうした人びとのなかには、祖国の文化に根ざすLGBTへの差別や恐怖が障害となって、なかなかカミングアウトできない人もいます。移住者の家族はしばしば子どもに大きな期待をかけるので、子どもは親を落胆させまいと必死になります。BuzzFeedYellowという動画サイトでは、「移住者である親へのカミングアウト」という心を打つエピソードが紹介されています。これはそのなかのひとつ、ジョエルの体験です。

　　ぼくの両親はメキシコ育ちだ。ママはとても信心ぶかくて、とても保守的な家系だ。

　〔ぼくがカミングアウトしたとき〕ママは泣きだした。「うつの人がみんなゲイになるんだよ。おまえは4年も教会へ行っていないからゲイになったにちがいない」

　「自分を変えることはできないよ」とぼくは言った。

　「おまえは悪いやつだね」

　無償の愛をあたえてくれるはずのママに、悪いやつだと言われたんだ。ぼくはキレてこう言った。「そうか。ゲイの息子なんかいらないんだ。じゃあ、もう息子は必要ないよね。ぼくは家を出る。もう二度とぼくの顔を見ることはないよ」

　そしたらパパが「出て行くな」と言ってドアの前に立ちはだかった。そして、二人でぼくを抱きしめて「おまえを愛してる。どうか出て行かないでおくれ」と言ってくれたんだ。ぼくは泣きはじめた。……これを読んでいるあなたが、まだクローゼットに隠れているのなら、希望をもってほしい。希望があったから、ぼくはがんばれたんだ。

その年の秋、エドはクルーズ客船に乗って、乗客にコンピュータを教える仕事に就きました。家族や過去から切り離された海上で、エドは自分がゲイであることをオープンにし、堂々と生きてみようと決心しました。「他人に受け入れてもらう前に、まずはありのままの自分を心地よく感じる必要がある」と、友だちは教えてくれました。「まさにそのとおりでした。船上の生活は、ゲイであることを気にせず、オープンに生きる機会をあたえてくれました。そこでは、だれのとがめも受けず、ありのままの自分でいられたのです」

ありのままの自分を受け入れる

　船上での経験を通じて、エドはすっかり自分自身を受け入れるようになりました。それでも、ゲイであることの意味までは、まだわかっていませんでした。自分以外のゲイをあまり知りませんでしたし、同性愛についての知識は、すべて本やテレビや映画から得たものでした。そこに登場する同性愛者たちは、自分とはちがうように思えました。
「そこに描かれるゲイの人たちはハンサムなモデルだったり、完璧な肉体の持ち主だったりしました。わたしとは似ても似つかない」。エドは体格もがっちりしていて、坊主頭にあごひげをはやしています。「ゲイにはロールモデル（お手本となる人）がいないし、指導してくれるメンター（師）もいない。わたしのような平凡なゲイはテレビや映画には出てこないので、自分にぴったりくるゲイのイメージがなかなか見つからなかったのです」
　ロサンゼルスに出張したとき、エドは二人のゲイの友人にアドバイスを求めました。かれらはエドが長年求めてきた心の支えや知恵や助言をさずけてくれました。
「かれらにゲイ・カルチャーの基本を教えてもらったんです」とエドは

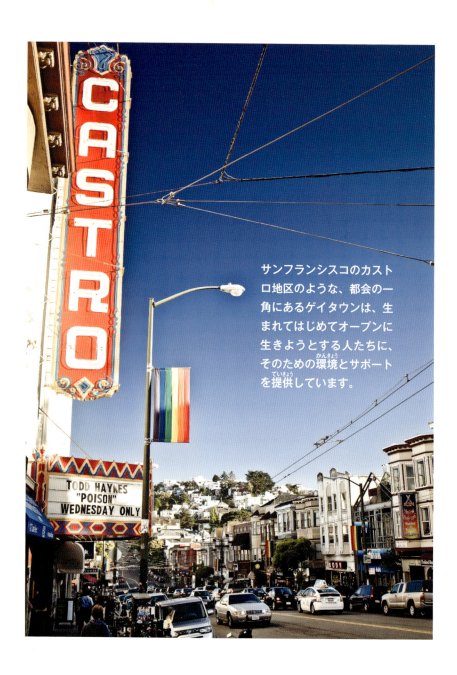

サンフランシスコのカストロ地区のような、都会の一角にあるゲイタウンは、生まれてはじめてオープンに生きようとする人たちに、そのための環境とサポートを提供しています。

微笑みながら語ります。「ロサンゼルスのゲイタウンであるウェスト・ハリウッドへ連れて行ってもらいました。それは見たことのない光景でした。そこではゲイでいても、だれにも非難されません。だれもそんなことは気にしない場所でした」

エドはその環境がすっかり気に入って、その1年後にロサンゼルスに引っ越しました。車にレインボーのステッカーを貼り、LGBTコミュニティで積極的に活動し、ありのままの自分にやっとなれたのです。そして、恋の機会もまもなく訪れました。20年ではじめての恋愛でした。

教会とのきずなを結びなおす

こうした変化は、クリスチャンとしてのエドの信仰にどう影響したでしょうか。彼の信仰は揺るぎませんでした。エドは心の奥深くで、いまでも神との関係を保ち、それを表現することもできます。エドが信仰の場として選んだ教会は、どんな人でも受け入れています。この教会の刊行物には「あなたを受け入れます」という言葉が、いたるところに記されています。

エドは教会のバンドでドラムをたたき、聖歌を歌って信仰を表現しています。ようやく彼はありのままの自分になれたのです。敬虔なクリスチャンとして、確立した職業人として、有能な地域コミュニティの一員として、そしてゲイ男性として。

エドは、いまでもよくケンタッキー州の両親を訪ねます。21歳のとき一度だけカミングアウトを試みて以来、親に向かってはっきりとカミングアウトしてはいません。エドの母親は、いまでも結婚や子どものことをエドにたずねます。

「両親は知っていると思いますが、受け入れたくないのでしょうね」と彼は言います。「でも、ぼくがエド・ウェスリーであることに変わりは

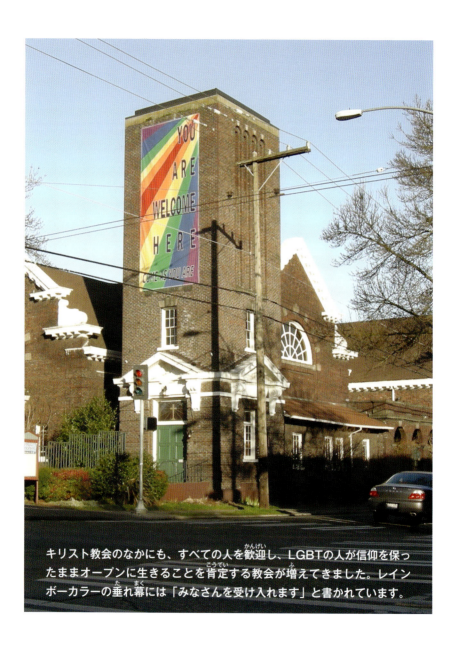

キリスト教会のなかにも、すべての人を歓迎し、LGBTの人が信仰を保ったままオープンに生きることを肯定する教会が増えてきました。レインボーカラーの垂れ幕には「みなさんを受け入れます」と書かれています。

ありません。ゲイであることで、なにも変わらない。かれらの考えは考えとして尊重し、受け入れろと強要したくないんです」

完璧といえる状態ではないにしろ、エドの家族のなかには彼をゲイと知った上で受け入れてくれる人もいます。なによりも大切なのは、彼自身が自分を受け入れられたということです。

「ゲイになりたいかどうか〔生まれる前に〕たずねられたわけではありません。もしわたしがストレート（異性愛）だったら、家族との関係も、信仰も、仕事もずっとスムーズだったでしょう。でも、わたしはゲイなんです。それなのに何年ものあいだ、自分以外の何者かになろうとしてきた。（仮にもっと早くカミングアウトしていたら）どんな人生だったろうと考えることもあります。でも、それももう過去のこと。いまここにたどり着いて、わたしの人生は完成したと言えるのです」

 ## たしかめよう

- 成人してからもカミングアウトしない人びとは、どんなことをおそれているのでしょうか。
- 自分の周囲のすべての人に、正式にカミングアウトする必要はあるでしょうか。
- ゲイ男性の文化において、理想的な肉体をめざすことに、どの程度重きが置かれているでしょうか。

 ## チャレンジしよう

- 現代の社会で、ゲイ男性のロールモデルにはどんなものがあるか点検しよう。肉体的な美や完璧さといった理想から外れた人を何人あげられるだろう。
- 世界のいろいろな宗教が同性愛にどんな異議をとなえているか調べてみよう。そして、その信仰をもつLGBTの人による反論や反証もさがしてみよう。

コメディアンのエレン・デジェネレスが、テレビドラマ「エレン」のなかでカミングアウトして以来、エレンの母親であるベティはPFLAGなどのLGBTグループで活動を続けています。

4
サポートを求めよう

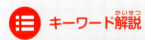 **キーワード解説**

アドボカシー（擁護、代弁）：社会的な少数派など、特定の集団の人権を守るために行動し、主張すること。
差別：性的指向や性自認、肌の色、民族、宗教その他の要因を理由に、他の人とちがう〔不利な〕あつかいを受けること。
共感：だれかの立場になってその人の気持ちを想像し、思いを寄せること。
シスジェンダー：生まれたとき診断された性別と自分の性自認が同じ人。トランスジェンダーの反対語。
中傷：だれかをおとしめるような、侮辱的な言葉や物言い。
論争：意見が衝突し、緊張や強い反応を引き起こしやすい、やっかいな問題。

　1972年、ジーン・マンフォードは、ゲイである息子のモーティと肩を並べて、ニューヨークのプライド・パレードに参加しました。このとき彼女は、はじめて会ったLGBTの人たちから、親へのカミングアウトを援助してほしいと頼まれ、驚いたそうです。そして、おおぜいの人が、

親に打ち明けるためのサポートを必要としていることに気づきました。

翌年の春、ジーンはある会合を催しました。それは、子どもからのカミングアウトを受けた親のためのサポートグループでした。第1回のミーティングは地域の教会で開かれ、20人ほどが出席しました。

それから35年後、この小さな集まりはPFLAG（「レズビアンとゲイの親、家族、友人」の頭文字をとったもの）という、会員20万人以上、アメリカ各地に数千の支部をもつ団体に成長しました。多くの親たちが、わが子を支えたいという思いと、この問題をどう理解すればよいのかの手がかりを求めてミーティングに参加しています。これこそがジーンの願っていたことでした。

「これは親として、わが子を守ろうとする本能的な反応です」と、PFLAGの元副事務局長ロン・シュリットラーは言います。「親御さんたちの多くは、もとから活動家などではありません。自然とこうなったわけではないのです」

親たちの意識を変える

実際、ほとんどの親は、それまで政治活動や権利運動に加わるなど考えたこともなかった人たちです。かれらは純粋にLGBTのわが子への愛から、突然そうした活動に飛びこんできます。ベティ・デジェネレス（46ページの写真）もその一人。俳優でコメディアンである彼女の娘、エレン・デジェネレスが、アメリカのゴールデンタイムのコメディ番組でカミングアウトしたことは、世界中でニュースになりました。それは母親のベティをもすぐに巻きこみました。そのときベティは自分の新しい役割の重要性に気づいたのです。

「わたしは母親として、娘と彼女のパートナーの人権を擁護（アドボカシー）しています。わたしが訴えているのは、性的指向による差別をな

2015年6月26日、アメリカ最高裁判所が全米50州で同性婚を合法化する判断を下したことを祝って垂れ幕をかかげるPFLAGカンザス支部の母親たち。「わたしは娘と、娘の妻を愛しています」と書かれています。

くすことが、LGBTの人にとってだけでなく、かれらを愛する人や家族のためにも重要だということです」と、HRC（10ページ参照）の季刊誌でベティは述べています。

　このころベティは、全米カミングアウト・デーで、LGBTでない者として、はじめてのスポークスパーソン（代弁者）となりました。

　毎年恒例となったこのイベントにあわせてテレビ放映された公共広告CMで、彼女はこう語りました。「同性愛の人は、あまりにも長いあいだ差別に苦しんできました。わたしたちの息子や娘が法によって基本的人権を守られるようになるまで、家族はその重荷を分かちあわなくてはなりません」

世代によってちがうLGBTの受容

　LGBTの人がカミングアウトするとき、とくに若い人は、まず友だちに伝えてサポートを求めることが多いようです。若い世代のほうがLGBTに対して受容的だというのが、その理由のひとつです。世論調査によると、アメリカ人全体の54％が同性愛を受容できると答え、その割合は18～29歳ではさらに10％も高くなります。

「だれかと親しくなるとき、その人がストレート（異性愛者）だから親しくなるわけじゃないでしょ。だったら、相手がゲイというだけで友だちになれないなんて、おかしくない？」とモリー・サックスは言います。「だって、〔だれを愛するかは〕その人の一部でしかないんだから」

　モリー自身はストレートで結婚していますが、身近にLGBTであることをオープンにしている同僚や親友がおおぜいいます。彼女自身は家族からカミングアウトを受けたことはありませんが、それがどんな経験かということは想像がつき、共感できます。そして、大切な家族への気持ちはけっして揺らぐことがないと確信しているのです。

「友だちや家族がゲイだと突然知らされて驚く気持ちもわかります。その影響は計り知れないことだから。でも、だれかを受け入れるということは、その人のすべてを受け入れるということ。好きな部分だけつまみ食いはできません」

LGBTの「アライ」ができること

　LGBTの人がカミングアウトを決意したとき、友だちや家族は、少しでも楽にカミングアウトできるよう助けたいと思いますが、どうしたらよいかわかりません。LGBTの友だちや家族のために、ストレートの人にとってもっとも重要なことは、LGBTを十分に理解することです。そのための情報を、HRCやPFLAGは「サポーターとしてのカミングアウ

ト」というガイドにまとめています。

　それまでに、なんとなく気づいていたかもしれないし、考えもしなかったかもしれません。いずれにしても、友だちや知人や大切な人が、レズビアン、ゲイ、バイセクシュアルやトランスジェンダーとして、あなたにカミングアウトしようと決めたことは、とても大きなできごとです。あなた自身にも、混乱や不安、気まずさから、打ち明けてくれたことをうれしく思う気持ちまで、さまざまな感情がわき起こるでしょう。どう反応したらいいのか、どうサポートすればいいのか、なかなかわからないかもしれません。

　カミングアウトを受けると、はじめは混乱したり、ショックを受けたり、腹を立てたり、おそれを感じたりすることも多いものです。上記のガイドブックでは、そんなときは、誠実に質問することで、あなたが相手をもっと知りたいと思っていること、そして支えたいと思っていることを伝えるようすすめています。隠さずに話し、LGBTについてもっと知りたいという気持ちを伝えることは、LGBTの人にとって生きやすいライフスタイルをつくり、LGBTの友だちや家族とよりよい関係を保つための第一歩となります。

　LGBTの人をサポートする意思を示す方法を、HRCではつぎのように提案しています。

- ストレートでも、**シスジェンダー**でも、LGBTでも、友だちや家族のだれもが集まれるような社交の場をつくること。
- あなたが大切に思うLGBTの人と、人生や生活について、心を開いて正直に話しあうこと。
- LGBTの友だちや家族について、そしてかれらが直面する課題について、ストレートやシスジェンダーの友だちと率直に話しあう機会をつくること。

- なにかの集まりや活動には、友だちや子どもの配偶者や恋人を招くのと同じように、LGBTの人のパートナーも招待すること。
- だれかが、あなたの前でLGBTを傷つけるような冗談や発言をしたら見過ごさないこと。

アウティング（他者による暴露）のトラウマ

　カミングアウトをサポートするとき大切なことは、その人自身の気持ちやプライバシーを尊重することです。まだカミングアウトをしていない人の選択も、同じように尊重しなくてはなりません。LGBTであることを他人から暴露されたり、ほのめかされたりされることを「アウティング」と呼びます。これは、本人の決断する力や、自分自身のプライバシーをコントロールする権利を奪ってしまうことになります。その人を困惑させ、裏切られた気持ちや恥を感じさせてしまいます。

　舞台やテレビの人気俳優、ニール・パトリック・ハリスが、マスコミから彼の性的指向を詮索されたときもそうでした。彼はプライベートの生活では何年も前からゲイであることをオープンにしていましたが、公には発表しないと決めていたのです。しかし、彼がゲイだという噂が広まり、数々のアワードの司会者としても有名で人気のあるニールが、なぜLGBTの権利擁護のために勇気を出してくれないのかと、不満に思う人もいました。

「ネットで中傷されていて驚いたよ。だれが書きこんでいるのかわからないし。わりと好かれていると思っていたのに、急に責任を問われはじめたんだから」とハリスは言います。

　周囲からのプレッシャーと注目、論争にうんざりしながらも、ハリスはついに自分のセクシュアリティを公にすることにしました。

世間の目はつねにあたたかく、最近まではふつうの生活を送ることができていました。でも、このところ、わたしのプライベートな生活や恋愛関係が取りざたされています。直接わたしの話も聞かずに勝手な憶測をする人たちを無視するより、噂や誤解に終止符を打つことにしました。わたしは、自分らしい人生を生きている幸福なゲイ男性であると、誇りをもって言えます。そして、芸能界のすばらしい仲間たちと一緒に働けることを幸運に思っています。

　どんな状況であれ、カミングアウトにあたって友人や家族が見せる反応は、本人の自尊感情や自信に大きな影響をあたえるものです。カミングアウトにどう反応するかは、周囲の人がそれぞれ自分で決めることです。でも、高校時代の親友たちを頼りにカミングアウトしたサラ・カーリンにとって、それはとてもシンプルなことだといいます。
「友だちに対して誠実であれってこと。その人がLGBTだと知る前から友だちだったのだから、それを知ったからって、なにかが変わるはずはないでしょ」

たしかめよう

- LGBTの権利に対する受容の度合いは、世代によってどうちがっているでしょうか。
- 近しい人からのカミングアウトを受けたばかりの人には、どんなアドバイスがいいでしょうか。
- LGBTを公表していない人をアウティング(暴露)することは、LGBTの受容度を高めるために必要なことでしょうか。なぜそう思うのかも発表しましょう。

チャレンジしよう

- LGBTを支援する団体のウェブサイトを閲覧して、それぞれの目的や主張、催しなどを調べてみよう。

◆日本語のおすすめサイト：

LGBTの家族と友人をつなぐ会　http://lgbt-family.or.jp/

ハートをつなごう学校　http://heartschool.jp/

- 親から好意的なサポートを受けているLGBTの人がいたら、その親たちがどんなふうにそれを受容してきたかインタビューしてみよう。
- みずからカミングアウトをする前に、だれかにアウティングされた場合、その人の将来にどんな被害をあたえるか書きだしてみよう。

用語集

あ行

アイデンティティ(identity)
ある個人や集団が、自分自身をどのように定義し理解するか。

あいまい(ambiguous)
はっきりせず混乱していること。

アクティビスト(activist)
社会的な活動や個人的な活動を通して、社会に変化をもたらそうとする人びと。

悪魔化(demonize)
人やものごとを邪悪なものとして描くこと。

アドボカシー(advocacy)
社会的な少数派など、特定の集団の人権を守るために行動し、主張すること。

アライ(allie)
LGBTの人びとと同じ側に立って支援する人。

遺伝子(gene)
目の色のように、人や生き物の生物学的な特性を決める因子。細胞の中の染色体に含まれるDNAとよばれる物質の配列によって決定される。

逸脱(deviation)
異常なこと。一般に「ふつう」とされる状態から外れること。

医療過誤(malpractice)
知識や注意の不足によるものか、わざとかを問わず、医師や医療専門家が誤った助言や治療をすること。

いんちき療法(quackery)
医療の資格を持たない人が、医師や専門家のふりをして助言したり治療をしたりすること。

右翼、右派(the right)
政治や宗教において、社会変革や新しい考えに反対する立場。「保守派」と共通することが多い。

LGBT(Q)
レズビアン、ゲイ、バイセクシュアル、トランスジェンダーの頭文字をとった総称。「クエスチョニング」(自分の性自認や性的指向を模索中)や「クィア」(規範的異性愛以外のすべてのセクシュアリティを指す)の頭文字「Q」を加えてLGBTQと言うこともある。

エンパワー(empower)
だれかに強さや活力をあたえ、その人が自信をもてるようにはげます行為。

憶測(assumption)
たしかな証拠にもとづかずに導かれた結論。

女っぽい(effeminate)
女性的とされる特性を男性がもつこと。

か行

介入(intervention)
人びとの考えかたや行動を変えることを手助けするための、系統だてた試み。

解放(liberation)
抑圧や迫害から解き放たれ自由になること。

過激主義者(extremist)
政治や宗教において、極端で乱暴な方法をとることを好む人や集団。

カミングアウト(coming out)
LGBTの人が、自分の性的指向や性自認を他の人に打ち明けることを「カミングアウト」という。いっぽう、その人の意思に反して性的指向や性自認を公表されることを「アウティング」という。

慣習(custom)
社会のなかで一般に通用し受け入れられている考えかたや行動。

寛容(tolerance)
お互いのちがいを認め、敬意をはらうこと。

戯画(化)(caricature)
ある人物の特徴を大げさに描くこと。

共感(empathy)
だれかの立場になってその人の気持ちを想像し、思いを寄せること。

草の根(grassroots)
政治的な行動などが、国や世界といった大きな規模よりも、地域など身近なレベルからはじまること。

クローゼット(closeted)
LGBTの人が、自分の性的指向や性自認を隠すことをいう。

ゲイ解放運動(gay liberation)
同性愛者の平等な市民権と法的な権利をもとめる運動。1950年代にはじまり、1960年代後半から70年代にかけて、社会的・政治的な変革をうながす大きな影響力をもった。

さ行

差別(discrimination)
性的指向や性自認、肌の色、民族、宗教その他の要因を理由に、他の人とちがう〔不利な〕あつかいを受けること。

ジェンダー(gender)
男らしい・女らしい、どちらともちがうなど、身体の性別にもとづいて社会が決める性別のこと。

シスジェンダー(cisgender)
生まれたとき診断された性別と自分の性自認が同じ人。トランスジェンダーの反対語。

市民権、公民権(civil rights)
法の下に個人の自由と政治的な自由を保障される、市民としての権利。

社会的権威(the establishment)
社会のなかで影響力や権力をもつ立場にいる人びと。

社会的排除(marginalize)
ある人を社会の中でわきに追いやり、他と同等にあつかわないこと。

心理学者、精神科医(psychologist / psychiatrist)
どちらも、人間の精神や行動を研究したり、治療したりする専門家。ただし、精神科医は医師であり薬を処方することができる。心理学者は医師ではなく、対話によるセラピーをおこなう。

スティグマ(stigma)
恥ずべきことだというレッテルを貼ること。烙印。

ステレオタイプ(stereotype)
固定観念。ある人を判断するとき、その人が属する特定の集団に対する考えかたにもとづいて(多くの場合、不公平な見方で)評価すること。

スペクトラム(spectrum)
連続体。幅広く多様であること。

性自認(gender identity)
生まれたときにあたえられた性がなんであれ、その人自身が自分を女性と思うか、男性と思うかなどの自己イメージ。性同一性ともいう。

性的指向(sexual orientation)
ある人が肉体的・感情的にどの性に惹かれるか。ことなる性に惹かれる(異性愛)、同じ性に惹かれる(同性愛)、両方の性に惹かれる(両性愛・バイセクシュアル)、どの性にも惹かれない(無性愛・アセクシュアル)などがある。

性別役割(gender role)
ある文化の中で、男性・女性のそれぞれにとって適切だと考えられる行動や特徴。

染色体(chromosome)
遺伝子がミクロの糸状になったもの。細胞の中にあり、性別をはじめ生物のあらゆる特性を決定する情報を運ぶ。

先天的(inborn)
外見でわかるかどうかを問わず、ある特性が生まれたときからその人に備わっていること。

先入観(prejudice)
ある人や集団に対する、たしかな知識にもとづかない(多くの場合、否定的な)思いこみ。

疎外(alienation)
ほかの人や社会から、自分が外れていたり距離があるという感覚をもつこと。

た行

タブー(taboo)
宗教や社会の規範のなかで、してはいけないとされていること。禁忌。

多様性(diversity)
さまざまな背景や特徴をもった人びとによって集団や地域社会が構成されていること。

中傷(epithet)
だれかをおとしめるような、侮辱的な言葉や物言い。

匿名(anonymous)
自分の名前を知らせず、だれかわからないようにすること。

トラウマ(trauma)
強い衝撃を受けて、長く残る心の傷。心的外傷ともいう。

トランスジェンダー(transgender)
自分の性を、生まれたときに割りあてられた性別とことなる性と感じる人。

な行

内分泌科医(endocrinologist)
ホルモンの病気や障害の治療を専門とする医師。

内面化(internalized)
たとえば、自分に対する否定的な意見を信じてしまうといった場合、その人は他者の意見を「内面化している」という。

二元論(binary)
ものごとを二つの対でとらえ、二通りしかないとする考えかた。

二項対立(dichotomy)
二つの対立する集団に分かれること。

は行

バイアス(bias)
客観的で公平であることのさまたげとなる、特定の見方や考えかたに偏りがちな傾向や志向。

パイオニア(pioneers)
新しいことや新しい生きかたに最初に挑戦する人びと。先駆者。

排斥(ostracize)
ある集団からだれかを追い出すこと。

バックラッシュ(backlash)
社会や政治の進展に対して反発する、大勢の人による対抗的な行動。

ハラスメント(harassment)
からかい、いじめ、身体的な脅しなど、継続しておこなわれるいやがらせ。

侮蔑(derogatory)
相手の価値をおとしめたり、恥をかかせたりすることを目的とした、批判的で冷酷な言動。

ヘイトクライム(hate crime)
その人の人種や信仰、性的指向や性自認といった特徴を理由におこなわれる攻撃や違法行為。憎悪犯罪ともいう。

ペルソナ(persona)
外的人格。演じられたキャラクターや人格。

偏見、偏狭(bigotry)
自分とことなる宗教や信念、外見、民族的な背景などに対する理解がなく、がんこなまでに不寛容であること。

包摂(的)(inclusive)
あらゆる考えやものの見方を想定でき、包みこめること。

保守派(conservative)
社会の変化や、新しい考えかたに警戒心や抵抗感のある人びと。

ホモフォビア(homophobia)
同性愛者への恐怖や嫌悪、憎しみ。同様にトランスジェンダーに対する恐怖や嫌悪は「トランスフォビア」という。

ホルモン(hormone)
からだの中でつくられ、生理学的機能を調整する化学物質。ひげがはえたり、胸がふくらんだりといった雌雄の特性もホルモン作用によって起こる。

ま行

マイノリティ(minority)
支配的な集団から差別や偏見を受ける人びと。社会的少数派。

マジョリティ(majority)
支配的な集団に属する人びと。多数派。

メインストリーム(mainstream)
多数派の中で容認され、理解され、支持されていること。主流派。

メンター(mentor)
自分より若い人を支援したり、教え導いたりする人のこと。師、師匠。

や行

抑圧(oppress)
個人や集団を、下位の立場におしとどめること。

ら行

リベラル(liberal)
新しい考えに耳を傾け、進歩的で、他者の考えやライフスタイルを受け入れ支援する人。

理論(theory)
研究や実験、証拠にもとづいた考えや説明。

論争(的)(controversy)
意見が衝突し、緊張や強い反応を引き起こしやすい、やっかいな問題。

さくいん

あ行
アウティング　20, 52, 54
アウトレット・プログラム　26
アライ　30, 50
いじめ　16, 25, 30-32
うつ　19, 26, 28, 40
LGBTコミュニティ　15, 22, 43
エレン・デジェネレス　20, 46, 48

か行
家族へのカミングアウト　15, 40
学校　3, 16, 19, 30, 31
カミングアウト　9-23, 32, 38, 40
カミングアウト・デー　9-11, 49
カミングアウトによる社会変革　19
教会　17, 35, 38-40, 43, 44
クリスチャン（キリスト教徒）
　15, 35, 43
クローゼット　19, 22, 30, 35, 36, 38, 40
ゲイ・ストレート同盟（GSA）
　3, 16, 30, 33
ゲイ・プライド　12
ゲイ・レズビアン・ストレートのための教育ネットワーク（GLSEN）　2-4, 30
ケイティ・ペリー　24

さ行
自死　3, 19, 26
思春期　14
ジーン・オリアリー　10
信仰　19, 35, 36, 38, 43-45
ジーン・ロビンソン　34
摂食障害　28
セラピスト　19, 28

た行
罪　35
低年齢化　16
同性愛嫌悪（ホモフォビア）　16
同性婚　3, 37, 49
トム・デイリー　8, 10
友だちへのカミングアウト
　12-14, 32, 50
ドラッグ　18, 26

な行
ニール・パトリック・ハリス　52
ネット上でのカミングアウト　32

は行
ハラスメント　25, 30
PFLAG　18, 29, 31, 46, 48-50
ヒューマンライツ・キャンペーン
　（HRC）　10, 12, 18, 49-51
不安　17, 36, 51
ヘイトクライム（憎悪犯罪）　18
ベティ・デジェネレス　46, 48-49
ホームレス　18

ま行
メンター　19, 25, 27, 41
メンタルヘルス　18, 26

ら行
リスク　18, 19, 36
リッキー・マーティン　21, 22
リベラル　9, 15
ロブ・アイクバーグ　10
ロールモデル　20, 26, 41, 45

著者
ロバート・ロディ（Robert Rodi）
米国シカゴ在住の作家、ライター、パフォーマー。LGBTをテーマにした多くの物語や評論などを発信している。

ローラ・ロス（Laura Ross）
ライター、編集者。ニューヨークで30年以上にわたり出版にたずさわってきた。

訳者
上田 勢子（うえだ せいこ）
翻訳家。1979年より米国カリフォルニア州在住。現在まで約90冊の児童書・一般書の翻訳を手がける。主な訳書に『学校のトラブル解決』全7巻、『わかって私のハンディキャップ』全6巻（ともに大月書店）ほか。

日本語版監修
LGBT法連合会
（正式名称：性的指向および性自認等により困難を抱えている当事者等に対する法整備のための全国連合会）

性的指向および性自認等により困難をかかえる当事者等に対する法整備をめざし、約90の団体等により構成される連合体。教育、公共サービス、雇用などさまざまな分野において、性的指向や性自認にもとづく差別をなくすための「LGBT差別禁止法」の制定を求めている。
http://lgbtetc.jp/

わたしらしく、LGBTQ ②
家族や周囲にどう伝える？

2017年2月20日　第1刷発行
2020年3月16日　第3刷発行

著　者　ロバート・ロディ、ローラ・ロス
訳　者　上田勢子
発行者　中川　進
発行所　株式会社 大月書店
　　　　〒113-0033　東京都文京区本郷2-27-16
　　　　電話（代表）03-3813-4651　FAX 03-3813-4656
　　　　振替00130-7-16387
　　　　http://www.otsukishoten.co.jp/
本文DTP　明昌堂
印　刷　光陽メディア
製　本　ブロケード

Ⓒ Seiko Uyeda & Japan Alliance for LGBT Legislation　2017

定価はカバーに表示してあります
本書の内容の一部あるいは全部を無断で複写複製（コピー）することは法律で認められた場合を除き、著作者および出版社の権利の侵害となりますので、その場合にはあらかじめ小社あて許諾を求めてください

ISBN978-4-272-40712-5　C8336　Printed in Japan